GOUVERNEMENT

DE LA

FRANCE MODERNE

PAR F. MARBEAU

ÉLECTEUR A PARIS

Auteur des *Études sur l'économie sociale*

« Des réformes, toujours ;
« Des révolutions, jamais ! »

PRIX : 10 CENTIMES

PARIS

CHEZ TOUS LES LIBRAIRES

4 novembre 1873

Cet opuscule indique les écueils à éviter, les précautions à prendre et la marche à suivre pour que le nouveau gouvernement soit meilleur que les précédents, et plus durable. S'il est libéral et progressif, mais très-fort et très-sage, la France prospérera, et nous jouirons tous de son bien-être.

GOUVERNEMENT

DE LA

FRANCE MODERNE

> « Des réformes, toujours;
> « Des révolutions , jamais... »

La France est composée de races naturellement bonnes ; elle a de bons territoires, et son climat est généralement favorable.

Elle a de grandes richesses, que le travail, l'épargne et la prévoyance ont ajoutées aux richesses du sol, du sous-sol, des fleuves, des mers, des colonies.

Elle est fertile en génies, en inventions, en découvertes.

Elle a brillé dans l'agriculture, le commerce, les lettres, les arts, les sciences et l'industrie.

Elle possède l'Évangile depuis 1300 ans, l'*Évangile civilisateur* (1) !

Elle a de glorieuses traditions.

Elle a même l'unité nationale !

Rien ne lui manque, pour atteindre au plus grand bonheur possible, rien, si ce n'est de savoir jouir paisiblement de ses avantages : elle s'épuise en discordes, en révolutions, en guerres, et néglige sa population, — l'élément principal de la force, de la richesse, de la sécurité nationales !

Elle néglige surtout l'éducation, les mœurs, et, par conséquent, le respect, la discipline, qui sont les nerfs de la famille et du corps social.

Voilà pourquoi elle souffre !

Le nombre des naissances est inférieur de beaucoup à ce qu'il devrait être ; et la mortalité de nouveau-nés, bien supérieure : la

____

(1) L'Évangile a fait, pour la civilisation, beaucoup plus que la science.

France perd ainsi, chaque année, par sa faute, plus de 150,000 Français !

Le nombre des mort-nés, des infanticides, des enfants illégitimes et des abandons, est humiliant et navrant, ainsi que celui des estropiés, rachitiques, idiots, ou mauvais sujets !

L'ignorance morale, et, par conséquent, l'ignorance politique, augmentent, quoique la science et l'instruction littéraire soient en progrès...

La misère est encore affreuse, dans la plupart des campagnes et des villes, malgré l'accroissement des richesses, malgré ce qu'on a fait pour rendre l'aisance accessible à tous ; et beaucoup de malheureux sont privés d'assistance , quoique la charité française ait fait d'incontestables progrès.

Le nombre des fraudes, des délits, des crimes, des aliénations mentales, des suicides, va toujours croissant.

Enfin, l'égoïsme, la cupidité, l'immoralité et l'esprit de parti affaiblissent ou tuent le patriotisme ; et nous avons vu, par de récents désastres, que la nationalité même est compromise !...

Espérons que de l'excès du mal naîtra le remède, et que la patrie de Sully, de Montesquieu, de Turgot, parviendra enfin à se faire bien gouverner.

Jetons un coup d'œil sur le passé : il nous dit les besoins véritables du présent et de l'avenir... l'histoire est, pour tout peuple, une lumière, un miroir et un guide.

I. Historique de la nation française.

Les Gaulois, nos aïeux, étaient des colosses : vigoureux, intelligents, braves, entreprenants, mais un peu sauvages... Ils vivaient, presque tous, dans les bois. Leurs femmes, grandes, fortes et très-courageuses, étaient fécondes à tel point que la Gaule ne suffisait pas toujours à sa population : de temps en temps, un essaim de guerriers, de *guerrières* et d'enfants, tombait sur l'Italie, sur la Grèce, sur l'Asie Mineure, ou sur d'autres pays civilisés.

Brennus, à la tête d'une avalanche irrésistible, entra dans Rome... — En revanche, César conquit la Gaule, et en fit une province romaine : *l'invasion attire l'invasion.*

Quand l'empire des Césars eut été affaibli par son étendue, et miné par la *corruption*, les Francs lui arrachèrent sa proie ; et Pharamond, leur général, fut proclamé « roi des Français ».

Un des successeurs de Pharamond, Clovis, embrassa le christianisme ; et la France, plus tard, s'appela « fille aînée de l'Eglise ». Elle conserve encore ce titre glorieux : l'*Eglise doit être le pivot de la vraie civilisation*, qui a pour but, comme l'Évangile, le règne de la vérité, de la justice, de la tempérance, de la charité ou vraie fraternité, de la concorde et de la paix : « *le règne de Dieu* » *sur la terre !*

Voilà notre origine : tâchons de ne plus l'oublier.

Le trône était héréditaire. Mais, quand les Français ne trouvaient pas, dans la dynastie régnante, un héritier capable de les bien gouverner, ils *élevaient sur le pavois* un chef nouveau : les Carlovingiens succédèrent aux Mérovingiens ; les Capétiens, aux Carlovingiens...

La troisième race fournit à la France d'excellents rois : Hugues Capet, Philippe-Auguste, Saint-Louis, Charles V, Louis XII, Henri IV... Mais l'orgueil fit croire à Louis XIV, et la flatterie, à son petit-fils, que la France était *leur chose* : *ils compromirent le trône* par cette erreur.

Les fautes de ces deux longs règnes, les abus croissants, le progrès des lumières, les erreurs du philosophisme, les querelles de la noblesse, du clergé, des parlements, et, par-dessus tout, le déplorable état dans lequel les prodigalités de Louis XIV et l'incurie de Louis XV avaient mis les finances, rendirent nécessaire l'*intervention directe et permanente de la nation dans ses affaires.*

Le bon Louis XVI ne tarda point à comprendre cette nécessité : il convoqua les *notables* du royaume, pour faire, d'accord avec eux, les réformes indispensables, mais éprouva des résistances : alors, il réunit les *états généraux*, trop longtemps négligés ; il leur soumit les *cahiers*, c'est-à-dire les *doléances* et les *vœux de toutes les provinces.*

Les états généraux (où le tiers état comptait plus de voix que la noblesse et le clergé) firent une Constitution pour garantir « les droits de la nation et de tous les Français ».

La *Constitution* laissait au roi le pouvoir exécutif, avec certaines prérogatives ; donnait le pouvoir législatif et le vote des impôts à l'Assemblée des élus ; mais n'instituait pas, malheureusement, de *pouvoir modérateur* entre le monarque *héréditaire* et l'Assemblée *élective*; en sorte que le roi se trouva n'avoir plus assez d'autorité pour bien gouverner : parlementarisme anglais mal imité...

L'Assemblée législative affaiblit encore la Couronne ; et la Convention nationale, élue ensuite, fit le procès du roi martyr...

La France, alors, fut accablée de maux : anarchie, guerre civile, invasion, banqueroute, famine... En 1793, il n'existait pas, dans toute la république, une seule famille heureuse !

La guillotine était en permanence dans presque tous les départements...

LA TERREUR DURA 420 JOURS !

Le *Directoire* succéda au terrible *Comité de salut public* : il était composé de cinq régicides, élus par la Convention nationale.

En 1799, le *Consulat* prit la place du *Directoire*. Il réorganisa le corps social ; rouvrit les églises ; rendit l'ordre à la France, avec beaucoup de gloire ; et le premier Consul, proclamé en 1804 *empereur héréditaire* de la République française, fut *sacré par S. S. Pie VII*.

Napoléon dota la France du Concordat, du Code civil, et de quelques bonnes institutions ; mais, par ambition, il commit des fautes qui firent aboutir ses gloires aux invasions de 1814 et 1815... L'Europe, coalisée contre lui, ramena deux fois l'antique dynastie.

Louis XVII, unique fils du roi immolé, avait péri de misère, en prison.

Louis XVIII, frère de Louis XVI, *octroya*, en 1814, une *Charte constitutionnelle*, et, « pour renouer la chaîne des temps », institua la *Chambre des pairs*. Il eut le tort de ne pas soumettre sa *Charte* à l'approbation de la France, qui, en ce moment, l'eût presque unanimement acclamée, pour s'affranchir de l'occupation étrangère.

Malgré cette faute, — *qui blessait la souveraineté nationale, et qui favorisa le retour de Napoléon,* — il y eut quelques années de prospérité.

Mais, en 1830, Charles X, moins habile que son frère, laissa violer par ses ministres la *Charte octroyée*, et fut expulsé avec toute sa famille.

Quelques députés, *sans consulter la nation*, donnèrent le *trône constitutionnel* au duc d'Orléans, cousin du roi.

Louis-Philippe, que La Fayette disait « la meilleure des républiques », voulut bien « régner sans gouverner »; ses ministres gouvernaient au gré des Chambres, et *s'arrachaient les porte-feuilles...*, *au détriment de la chose publique*, trop souvent.

Néanmoins, après de graves agitations, la France eut encore, sous ce régime, quelques bonnes années; mais le parti révolutionnaire se fortifiait par les compétitions ministérielles; et, au commencement de 1848, pendant une disette, à l'occasion de la réforme électorale, — *ajournée sans raison*, — la Chambre des députés, envahie par quelques émeutiers, n'étant pas défendue, un *gouvernement provisoire* court à l'Hôtel de ville, proclame la République, *improvise le suffrage universel*, et fait élire une nouvelle *Assemblée constituante*.

Ce fut toujours par la faute des gouvernants que se firent nos révolutions.

La nouvelle Constituante, après beaucoup de troubles, après l'affreuse insurrection de juin, vota enfin la *Constitution républicaine* de 1848.

Cette Constitution avait, comme celle de 1790, omis d'établir entre l'Assemblée nationale et le chef de l'État un pouvoir modérateur : en sorte qu'au cas de grave dissentiment, le plus fort devait naturellement écarter l'autre.

Les mêmes électeurs nommaient, pour quatre ans, le président de la République, et tous les membres de l'Assemblée législative : ainsi, chacun des deux pouvoirs *représentait la France*, et le plus fort n'était certes pas l'Assemblée, l'Assemblée *divisée en partis nombreux...*

Mais la *Constitution* pouvait être *révisée*, quand les *trois quarts* au moins des députés jugeraient des changements indispensables au bien général.

Le 10 décembre 1848, Louis-Napoléon Bonaparte, neveu de l'Empereur, fut élu président à une forte majorité.

La confiance ranima les affaires.

Mais la nécessité d'une *révision* ne tarda point à se révéler ; et, à l'approche des élections générales, en 1851, d'innombrables pétitions furent envoyées, de presque toutes les communes, à l'Assemblée législative.

Une commission spéciale fut chargée d'examiner cette grave question.

Le rapporteur, M. Alexis de Tocqueville, éminent publiciste, démontra *l'indispensable nécessité de changements à faire dans la*

Constitution, pour qu'elle s'affermît et durât. Les hommes les plus compétents de divers partis, notamment le duc de Broglie, vice-président de l'Assemblée, et l'une des lumières de l'époque, appuyèrent l'excellent rapport.

La majorité en faveur de la *révision* fut très-considérable, mais n'atteignit point les trois quarts... et *ce vote solennel constata l'impossibilité de donner* LÉGALEMENT *satisfaction au vœu presque universel du pays !...*

Le prince-président, qui d'ailleurs était en désaccord avec l'Assemblée, prit sur lui de la *dissoudre,* et *décréta une Constitution nouvelle,* qu'il se hâta de soumettre au suffrage universel.

Un plébiscite ratifia l'œuvre du 2 décembre 1851, et les *fonds publics* remontèrent : c'est le *thermomètre du crédit et de l'aisance.*

L'Empire fut bientôt rétabli au moyen d'un second plébiscite ; et la France prospéra, malgré les partis : la richesse prit un développement inouï ; mais la moralité faiblissait toujours...

L'Exposition universelle de 1867 fut, pour la France et pour le second Empire, un triomphe.

Napoléon III, mal entouré, mal inspiré, commit d'énormes fautes qui amenèrent sa chûte.... et l'invasion prussienne... et la sotte, la *coupable* révolution du 4 septembre... et le siége de Paris... et *l'horrible Commune !...*

L'Assemblée constituante actuelle, ses délégués et l'armée ont mis fin au plus terrible désastre que la nation ait subi depuis qu'elle existe, et la France vient de recouvrer, enfin, sa complète indépendance : le territoire est libéré !

Voilà notre histoire en quelques mots : elle dit que la France est toujours prompte à prospérer dès qu'on la gouverne bien, mais toujours prête à subir des révolutions ; *qu'elle a donc besoin, plus que tout autre peuple, d'un excellent gouvernement ;* elle explique fort bien les conditions essentielles que ce gouvernement doit réunir. On peut résumer en quelques mots ses enseignements :

« Tout peuple qui se fait gouverner par ce qu'il a de meilleur, de plus honnête, de plus intelligent, de plus expérimenté, jouit du plus grand bonheur qu'il lui soit possible d'obtenir.

« Celui qui abandonne le gouvernail à des hommes incapables ou indignes, est malheureux inévitablement... par sa faute. »

Voilà des vérités incontestables, des vérités qui devraient être connues et bien comprises de tout électeur, de tout fonctionnaire, de tout chef de famille. Répandons-les en France, et les problèmes sociaux qui nous tourmentent deviendront faciles à résoudre.

Mais il ne suffit pas de relever un blessé; il faut le soutenir, le panser, le préserver de rechûte, lui rendre la santé : *finis coronat opus.*

L'Assemblée nationale constituante a bien commencé l'œuvre : elle *doit*, elle *veut* la bien finir, et la finira très-bien, Dieu aidant, si les bons Français intelligents, de toutes professions, de toutes opinions, soutiennent qui les soutient.

Ils ont pour eux le nombre et le bon droit; ils ont pour eux l'amour du devoir, et, par conséquent, le vrai patriotisme; ils ont pour eux le sentiment de l'honneur, si cher aux Français; ils ont pour eux, enfin, la religion, la morale, les lois, le Gouvernement provisoire, et l'armée... Qu'ils veuillent *fermement* ce que *veut* la France, ce que *veut* l'Assemblée qui agit et parle au nom de leur patrie, ce que *veut* leur propre intérêt, l'intérêt de tout ce qu'ils aiment, un gouvernement libéral, progressif, très-fort, durable : et la France bientôt guérira ses blessures, deviendra plus heureuse, plus glorieuse même qu'elle ne fut jamais : *Sa véritable force est en eux, évidemment* (1).

Un mot sur les révolutions et les partis, avant d'examiner quel doit être le gouvernement définitif.

II. Des révolutions, des partis, et de l'esprit de parti.

Les révolutions attirent beaucoup de souffrances, beaucoup de pertes, beaucoup de périls, sans utilité : sans utilité, puisqu'elles n'apportent jamais aucune amélioration que la France n'eût pu conquérir par de sages réformes, si elle l'eût bien voulu; et des réformes *opportunes* auraient fait plus, auraient fait mieux, que toutes nos révolutions... *évidemment.*

La science du bien public et le simple bon sens nous crient donc, l'histoire à la main :

______

(1) Les indifférents commettent, sans le savoir, un *suicide* peut-être, et un *parricide!*

« Des Réformes, toujours !… Des Révolutions, jamais ! »

La France a horreur des Robespierre, des Marat, des Babeuf, de tous les anarchistes… Le 4 septembre et le 18 mars ont achevé de l'éclairer sur ce point capital.

Les révolutions qu'elle a subies depuis quatre-vingts ans lui ont coûté beaucoup de sang, beaucoup d'or, beaucoup de moralité. Elles ont créé des partis, dont l'existence a de graves inconvénients : ils privent la France de plusieurs avantages précieux de l'unité nationale, et rendent plus difficiles la constitution et la conservation d'un bon gouvernement.

Les partisans de l'antique Monarchie disent : « L'héritier de Charles X peut *seul* rendre le pays heureux, le préserver d'anarchie, de despotisme, d'invasion… » Ils oublient 1789, 1793, 1815, 1830…

Les républicains honnêtes prétendent que « toute monarchie est incompatible avec les besoins, les idées, les aspirations légitimes de la France moderne ; que la République *seule* peut imposer silence aux partis anciens et nouveaux, et même aux révolutionnaires… » Ils oublient, et les horreurs de la première République, et les fautes de la seconde, et les abominations de la troisième…

Les napoléoniens soutiennent que « l'Empire *seul* peut faire jouir la France des principes de 89, lui assurer l'ordre avec la liberté ; la stabilité, avec le progrès, et contenter l'amour-propre des Français… » Ils oublient 1814, 1815, 1870…

Les orléanistes prétendent « qu'un *roi vraiment constitutionnel* est ce qui convient le mieux ; et que, si l'héritier de Charles X ne se résigne pas à l'être, il faut donner la couronne à l'héritier de Louis-Philippe… » Ils oublient 1848…

Quant aux ennemis radicaux de l'ordre, tout ce qui est honnête leur répugne et les repousse : le meilleur gouvernement sera celui qui les domptera le plus radicalement.

L'*esprit de parti* aveugle ceux qu'il domine : c'est une des plus dangereuses variétés de l'égoïsme, c'est la *négation du patriotisme*.

Il est toujours le résultat de l'ignorance des devoirs, principalement des devoirs envers la patrie, notre seconde mère ! notre seconde Providence ! L'enseignement des devoirs sociaux est négligé dans presque toutes les familles, dans presque toutes les écoles... Et nous avons le suffrage universel (1) !

Quel sera l'arbitre, le juge, ou l'amiable compositeur, entre les quatre partis exclusifs les uns des autres? — La nation elle-même, la France, éclairée par le grand jury que, dans sa détresse, elle a chargé de son salut, *et de lui rendre la prospérité !*

L'Assemblée nationale trouva, malgré l'esprit de parti, une majorité, pour négocier la paix et pour libérer le territoire; une majorité, pour élire un chef provisoire, un chef vénéré partout... une majorité pour réorganiser l'armée, les finances, etc., etc... Elle trouvera, malgré l'esprit de parti, une très-forte majorité pour décider quel régime et quel chef conviennent le mieux : et la France approuvera, en 1874, avec enthousiasme, ce que ses *représentants légitimes* auront fait régulièrement pour elle, *uniquement pour elle*, comme elle approuva, en 1851, ce qu'avait fait irrégulièrement son élu, pour elle et pour lui :

Elle examinera les diverses Constitutions de la France, et les causes de leur insuccès. Elle dégagera soigneusement tous *les principes auxquels la France tient, et doit tenir.* Ces principes eux-mêmes détermineront le régime qui peut le plus sûrement faire qu'ils soient appliqués, respectés, le mieux possible; et ce régime indiquera le chef *digne et capable* de gouverner suivant ces principes.

Tous les travaux préparatoires seront faits au grand jour de la tribune, au grand jour de la publicité, afin que chacun puisse apporter ses observations, et que l'opinion publique aide à perfectionner l'œuvre.

Quand l'Assemblée aura *fini la Constitution*, par le choix du futur chef de l'État, elle soumettra le tout à la nation.

— Mais si l'élu n'acceptait pas les conditions... — L'Assemblée ferait un autre choix, avant de soumettre la Constitution au pays : *il est de la plus haute importance qu'un seul plébiscite décide la question*, par *oui* ou *non*. Mais aucun des *prétendants* ne refusera ; aucun ne peut refuser, dans la position difficile où se trouve la France... Le refus serait une *abdication, une honteuse abdication...*

---

(1) Sur 10 électeurs inscrits, un ou deux au plus ont conscience de la valeur du suffrage... Voilà une des réformes les plus urgentes à faire.

Il faut à la tête des Français, aujourd'hui surtout, un *Français* de notre époque, un *Français* de très-grande valeur; un *Français* qui comprenne et aime la France; qui la *serve* avec un entier dévouement; qui la *serve pour elle, non pour lui-même;* un Français capable de tout sacrifier pour la sauver et la rendre heureuse... comme a fait le Maréchal-Président.

Le chef politique de la France, quel qu'il soit, quel que soit son titre, ne doit être que son *premier serviteur :* la France ne lui appartient pas; c'est lui, qui appartient à la France.

Qu'il soit Président ou premier Consul, Empereur ou Roi, il devra se soumettre, comme les autres Français, à la Constitution et aux lois du pays : la France est maîtresse d'elle-même. Elle l'a toujours été virtuellement, quoi qu'aient pensé, dit ou fait Louis XIV, et son successeur, et Louis XVIII, et Charles X...

L'esclavage est contraire à la loi divine, contraire à l'Évangile, l'esclavage des peuples comme celui des individus.

« La France ne relève que de Dieu ! » *Vox populi, vox Dei !*

III. Quel gouvernement faut-il à notre pays?

On a comparé la France à un beau cheval, plein d'ardeur et de courage, mais capricieux ; il a besoin du mors plus souvent que de l'éperon.

Un cavalier habile, attentif, le mène où il veut, et comme il veut.

Mais, sous un cavalier imprudent, au moindre choc, le cheval se cabre, s'emporte, lance au loin son homme, et court, et court *librement...* au précipice, à moins qu'on ne parvienne à l'arrêter.

Il faut à la France, après tant de révolutions, un gouvernement très-*énergique* et très-*habile*, pour dominer les partis qu'elles ont créés ; pour défendre la nation contre tous ennemis intérieurs et extérieurs ; pour garantir la sécurité de tous les Français ; un gouvernement très-*humain*, qui s'occupe des pauvres et des souffrants avec une sollicitude paternelle ; un gouvernement très-*loyal*, très-*juste*, qui inspire confiance à tous, même à l'étranger ; un gouvernement très-*libéral*, qui favorise tout bien, et prévienne ou réprime tout mal ; un gouvernement *de progrès*, toujours prêt à combattre les abus et les préjugés nuisibles, toujours prêt à faire-les améliorations nécessaires et opportunes ; un *gouvernement qui pourvoie sans cesse, le mieux possible, à toutes les nécessités de l'ordre matériel et de l'ordre moral :* au dedans, par une excellente administration ; au dehors, par une excellente diplomatie. Voilà ce que la France *veut,* ce qu'elle espère.

Un tel gouvernement serait bientôt aimé, *respecté* de tous les honnêtes gens, quelles qu'aient été leurs prédilections politiques ou religieuses, parce que tous auraient foi dans son patriotisme impartial, et dans ses lumières.

Un tel gouvernement aurait la sympathie de tous les peuples civilisés...

Un tel gouvernement délivrerait, enfin, la France de la fièvre intermittente des révolutions, et lui rendrait, sans coup férir, ses deux chères provinces (1).

Mais, pour l'asseoir sur des bases solides, il faut réorganiser la nation, et commencer par rétablir l'ordre moral, complément essentiel de l'ordre matériel.

Parlons d'abord de la moralisation ; ensuite nous dirons la marche à suivre pour fonder le gouvernement définitif.

IV. De l'ordre moral et des mœurs.

L'ordre moral d'un peuple consiste dans le *respect* de la religion, de la morale, des lois, du gouvernement et de toute autorité légale : sans lui, point de sécurité, point de vraie liberté, ni de prospérité durable.

Or, en France, le *respect* s'est affaibli de génération en génération, depuis qu'on a négligé trois des choses les plus nécessaires au bonheur individuel, au bonheur de famille, et au bien général du pays :

Le *sentiment religieux, principe et sanction de la morale ;*

L'*éducation, moule des bons fils, des bons pères, des bons citoyens et des bonnes mères ;*

Les *mœurs, aussi nécessaires que les lois.*

(1) Elles rachèteraient leur chère patrie !

Pour fortifier l'ordre moral, profondément altéré par les révolutions, et surtout par nos récents désastres, il faut :

1° Que les cultes reconnus par l'État soient mieux protégés, mieux respectés, dans toutes les communes ;

2° Que le matérialisme ne puisse plus impunément abrutir et pervertir nos populations : un mauvais livre, un mauvais discours, font plus de mal que des poisons physiques... L'individu qui ne voit dans son père, dans sa mère, que des molécules animées, ne peut les chérir, les respecter, les assister, comme s'il voyait en eux les représentants du Créateur, une seconde Providence. Il est malheureux, il est dangereux... parce qu'*il ne respecte rien...* ;

3° Que *tous* enfants de la France, même les orphelins, même les enfants abandonnés, même ceux des plus mauvaises familles, reçoivent *bonne éducation*, depuis la naissance jusqu'à la nubilité : la France les aime tous, aura besoin de tous... « Ils ne seront jamais trop nombreux, si on les élève bien » ;

4° Que le sacerdoce, la magistrature, le corps enseignant, les corps savants et tous les dépositaires de l'autorité, sans exception, concourent à l'amélioration des mœurs, par leurs actes, et surtout par leurs bons exemples ;

5° Que la *presse* y concoure aussi, toujours : « Un bon journal, un bon livre, sèment du bien et empêchent du mal... » ;

6° Que le suffrage universel, — bien éclairé, bien réglé, bien dirigé, — aide à vaincre l'ignorance morale, et, par conséquent, le vice ;

7° Que l'armée, la marine et les diverses administrations aident à compléter et perfectionner l'éducation de leurs jeunes gens ;

8° Qu'un bon système de secours, appuyé sur l'initiative individuelle, procure l'assistance aux véritables indigents, substitue autant que possible à l'aumône le secours en travail, assiste sans humilier, et moralise en assistant ;

9° Qu'un bon système de *récompenses* et de *peines* augmente sans cesse le nombre des bonnes actions, des bonnes œuvres, et diminue celui des mauvaises ;

10° Que les femmes, les *mères surtout*, vivifient les sentiments qui font le bonheur des familles et des nations :

Le *respect* dérive naturellement de la *piété filiale*, et c'est la mère, surtout, qui doit inspirer la *piété filiale* à ses enfants.

La *piété filiale* dérive naturellement de la *piété*, comme l'indique son nom, et c'est la mère, surtout, qui doit l'inspirer à son fils, à sa fille... « *Pietatem*, *quæ tum sit magna in parentibus*, *tum in patriâ maxima est!* »

« Ce n'est pas sans motifs que le Créateur a doué la femme de ce qu'il a fait de plus aimant, de meilleur, de plus dévoué : le cœur maternel! »

11° Il faut, par-dessus tout, que l'Assemblée nationale et son représentant exécutif donnent l'exemple...; qu'un règlement sévère, sévèrement appliqué, empêche tout député d'attaquer l'Assemblée, d'attaquer l'ordre social : *tous doivent l'exemple de la soumission aux lois existantes.*

Il y a encore d'autres corrections à opérer dans l'économie sociale de la France. Nous avons énuméré les plus importantes, les plus urgentes. L'Assemblée peut faire, en moins d'un an, les plus nécessaires, et préparer ou indiquer les autres, pour qu'elles soient opérées sans nouvelles révolutions (1).

Dans notre pays, « la loi peut tout *pour le bien* : elle *domine tout, pour tout protéger.* » .

— On ne décrète pas les bonnes mœurs... ni le respect... — On décrète les institutions et les mesures propres à raviver, à fortifier le *sens moral*, et par conséquent le *respect*, la *discipline*, la *moralité publique et privée.*

Tout l'univers sait que certains décrets lancés par les hommes du 4 septembre furent très-funestes aux mœurs; et ceux de la Commune, infiniment plus pernicieux... Au moyen de bonnes lois, bien combinées, on peut guérir même les blessures morales.

Le mal est immense et très-profond; mais la race est si bonne, si intelligente! elle a encore une si grande vitalité!

Quelques « bonnes lois, bien exécutées », peuvent remettre le pays en voie de grande et solide prospérité.

Mais, prenons-y garde, la France ne pourra obtenir ces lois et en bien jouir, tant qu'elle n'aura pas amélioré ses mœurs : « *La principale force des gouvernants, la force morale, est dans le respect des gouvernés.* »

Tant que le respect manquera, nous serons forcés de subir une

______

(1) On pourrait instituer une haute Commission des réformes, et des Commissions départementales. On devrait instituer des *Conférences populaires...*

dictature, *multiple* ou *personnelle*, pour éviter l'anarchie ou le despotisme.

Corrigeons les mœurs, nous pourrons avoir le gouvernement fort et durable que *veut* la France et dont elle a tant besoin.

V. Que faut-il pour obtenir ce gouvernement ?

Il faut 1° que la majorité de l'Assemblée nationale ait la sagesse, la fermeté, de se maintenir au-dessus des partis, de ne voir que la France à sauver, à faire prospérer ; d'opérer sans retard les réformes urgentes ; de rédiger une Constitution appropriée aux besoins véritables du pays, à ses idées, à ses habitudes, à ses goûts ; 2° que tous les bons Français la soutiennent, et se soutiennent : les mauvais s'unissent pour nuire aux bons, les bons doivent s'unir pour se défendre contre les mauvais.

Plus on améliorera l'éducation et les mœurs, plus il y aura d'union entre les honnêtes gens.

Quand la France, dans ses comices, aura, librement et en parfaite connaissance de cause, adopté la Constitution ; et quand la Constitution, loi des lois, aura été proclamée, l'Assemblée nationale et le président de la République feront procéder aux élections voulues, et prendront les mesures nécessaires pour que le gouvernement définitif puisse être installé sans retard.

L'installation doit être faite par l'Assemblée, au nom de la France qu'elle représente, qu'elle *doit* représenter jusqu'à ce que le nouveau pouvoir ait pris en main le gouvernail.

Il est de la plus haute importance que l'Assemblée ne se retire qu'après l'entier accomplissement de son mandat ; et il ne sera fini que par l'installation du nouveau gouvernement : *la moindre éclipse de l'autorité souveraine pourrait laisser rentrer l'anarchie ou le despotisme...* et ramener l'invasion !...

Il y a des choses qu'une assemblée constituante peut seule faire légalement ; et, si l'Assemblée actuelle omettait une de ces choses, il faudrait une *Constituante nouvelle pour y pourvoir... après nouvelle révolution.*

Ceux qui demandent la dissolution, avant que l'Assemblée ait fini l'œuvre, sont aveugles en politique, ou bien coupables : aveugles, s'ils ne voient pas que tout serait compromis ; très-coupables, s'ils le comprennent.

Il en est de même pour les individus qui demandent la levée de l'état de siége, l'amnistie, ou d'autres mesures qui désarmeraient le gouvernement provisoire : *Tant que les fondations de l'édifice ne sont pas réconfortées, il faut conserver précieusement les étais qui le portent.*

Il en est de même, enfin, de ceux qui demandent la suppression d'une armée permanente, sous prétexte de pacification : « *Si vis pacem, para bellum.* »

VI. Marche à suivre.

Une grande commission, élue par l'Assemblée nationale, précisera les principes de la future Constitution ; examinera si le moment est favorable pour fonder le gouvernement définitif, ou s'il faut ajourner encore ; et, s'il y a lieu, rédigera un projet de constitution.

Le rapport sera lu en séance publique et inséré au *Journal officiel*, pour que tous les Français le connaissent, et puissent faire leurs observations.

Un mois après la publication légale du rapport, l'Assemblée nationale délibérera.

Aussitôt que l'Assemblée nationale aura adopté la Constitution, deux registres seront ouverts dans toutes les communes pendant trois jours : l'un, pour inscrire les adhésions ; l'autre, pour inscrire les dissidents.

Une loi déterminera les mesures à prendre pour garantir la régularité du suffrage.

S'il n'existe, aujourd'hui, dans nos familles *princières*, aucun personnage digne et capable d'exercer la souveraineté, de porter le drapeau des Français, il faut choisir, parmi les meilleurs citoyens, le plus dévoué, le plus brave, le plus ferme, et, surtout, le plus loyal ; celui qui a rendu les plus grands services à la patrie, et les plus désintéressés ; il faut lui donner un titre et des attributions qui augmentent sa force morale et son prestige, afin qu'il puisse mieux guérir les blessures de la France, lui rendre son rang parmi les nations, lui assurer une prospérité croissante, et faire avancer la civilisation.

L'Assemblée nationale et la France ont trouvé ce héros.

CONCLUSION.

La France *veut* être heureuse, et que tous ses enfants, tous ses habitants, soient heureux, autant que le permettent sa position et la leur.

Elle *veut* jouir et les faire jouir des avantages qu'elle possède ou possédera.

Elle *veut* qu'ils soient *tous* protégés efficacement par sa Constitution, ses lois, son gouvernement, son administration, sa justice, sa diplomatie et son armée.

Elle *veut* donc un gouvernement très-fort, très-intelligent, très-habile, mais très-humain, très-loyal, très-libéral ; toujours prêt à combattre les abus, toujours prêt à faire les améliorations utiles et opportunes ; un gouvernement aimé, respecté de tous les honnêtes gens ; craint de tous les mauvais ; un gouvernement durable, enfin, *et qui lui fasse honneur...*

Quand elle l'aura, elle marchera sûrement vers la civilisation ; et, au lieu d'être pour d'autres peuples un épouvantail, un danger permanent, elle sera pour tous un modèle, et, pour les faibles, un appui.

Dieu ! qui protégez la France ! délivrez-la de la barbarie, de l'ignorance, de la routine, des révolutions, des guerres, et des autres fléaux que la sottise, l'orgueil, l'ambition ou l'égoïsme, ajoutent encore aux fléaux naturels de l'humanité !

Cette Note a pour but d'aider la France à traverser la crise nouvelle... Tous les amis de l'ordre et de la vraie liberté sont invités à fournir, sans retard, leur contingent de lumière et de force.

1854 — Paris, imprimerie Jouaust, rue Saint-Honoré, 338.

www.ingramcontent.com/pod-product-compliance
Lightning Source LLC
Chambersburg PA
CBHW061713050726
47598CB00004B/1811